NAPOLÉON A LIGNY

ET

Le Maréchal Ney à Quatre-Bras.

NOTICE

HISTORIQUE ET CRITIQUE,

Par le Colonel du Génie RÉPÉCAUD.

(Extrait des Mémoires de l'Académie d'Arras.)

ANNÉE 1847.

ARRAS,
Imp. et Typ. de Mme Veuve DEGEORGE, rue du 29 Juillet.

AOUT 1849.

NAPOLÉON A LIGNY

ET

Le Maréchal Ney à Quatre-Bras.

NOTICE

HISTORIQUE ET CRITIQUE,

Par le Colonel du génie, RÉPÉCAUD.

Lue dans la séance publique de l'Académie d'Arras, du 26 août 1847.

MESSIEURS,

Si je viens vous entretenir d'un fait militaire, ce n'est pas pour célébrer un des triomphes des nos armées nationales, ce n'est pas non plus pour déplorer un des désastres qui les ont frappés dans les dernières années des guerres de l'Empire. Je laisse aux poëtes et aux historiens à exploiter cette mine féconde, quand à moi je viens déposer, comme témoin, dans le débat soulevé au sujet de la bataille de Ligny, de cette bataille livrée en 1815, dans laquelle les Prussiens, commandés par le général Blücker, malgré leur supériorité numérique, furent vaincus par le centre et l'aîle droite de l'armée française, guidée par Napoléon. Je ne me bornerai pas, cependant, au rôle de témoin, je discuterai une question qui a déjà été vivement controversée et qui peut être posée en ces termes :

Les savantes dispositions de l'Empereur devaient avoir un résultat plus décisif, leur ponctuelle exécution aurait eu pour effet l'anéantissement du corps prussien opposé à Napoléon, ou tout au moins son refoulement loin de l'armée anglaise, commandée par Wellington et le funeste revers de Waterloo aurait ainsi été prévenu.... Serait-ce au maréchal Ney que l'on devrait attribuer l'inexécution de ces dispositions?

La question est grave en ce qu'elle touche à un des événements les plus importants de l'histoire de notre temps et qui a influé le plus puissamment sur la destinée du monde ; elle n'a pas moins de gravité sous un autre rapport : sa solution peut faire perdre au grand nom de Napoléon ou au nom glorieux de Ney, l'un de ses plus illustres lieutenants, quelque chose de leur éclat. Aussi n'est-ce pas sans hésitation, Messieurs, que je viens vous exposer ce que je pense à ce sujet, et je me bornerais à vous dire ce que, les 15 et 16 Juin, j'ai vu à l'aîle gauche de l'armée française, si, pour donner quelqu'intérêt à des faits isolés, je ne devais les rapprocher les uns des autres, et faire remarquer les conséquences qui, à mon avis, découlent de ce rapprochement. D'autres que moi pourront bien conclure différemment et plus justement peut-être, j'aurai encore utilement recueilli mes souvenirs, si je parviens à constater des faits sur lesquels leur jugement devra être fondé.

Mais mon témoignage est-il donc irrécusable? agent subalterne, dans une action aussi compliquée dans laquelle deux combats simultanés se livraient isolément et devaient cependant avoir l'un sur l'autre la plus puissante influence, ai-je pû bien voir, pouvais-je apprécier la portée de ce qui se passait sous mes yeux?

S'il ne m'appartient pas de répondre affirmativement à ces questions, je peux du moins me présenter comme témoin désintéressé, et j'ose espérer qu'on m'excusera si, en citant ce que j'ai vu, pour prouver que j'étais en position de bien voir, je me permets de dire ce que j'ai fait dans le cercle étroit où je devais agir.

J'en demande humblement pardon et à Napoléon et à celui qu'il appelait le brave des braves... Si dans le tableau où je vais les faire figurer, je prends sans me voiler, une modeste place, c'est que cela est nécessaire pour que ma parole ait quelque crédit dans le débat soulevé entre les détracteurs du maréchal et ses défenseurs.

Les écrivains qui, jusqu'à présent, ont entrepris de relater et expliquer les événements de 1815, répugnant à attribuer à l'Empereur une erreur de combinaison stratégique et accordant toute confiance à quelques lignes du *Mémorial de Sainte-Hélène*, ont formellement accusé le maréchal d'avoir fait échouer le plan d'attaque le plus savamment conçu, en n'exécutant pas, ou en n'essayant que tardivement d'exécuter les ordres qu'il avait reçus ; mais les fils du maréchal ont pris la défense de leur père, ils se sont efforcé de le justifier d'un tort aussi grave et par sa nature et par les conséquences qu'il aurait eu : le désastre de Waterloo, l'envahissement de la France. Avant eux, un ancien aide-de-camp du maréchal et (antérieurement encore) M. Gamot, leur oncle, aidé des conseils du maréchal Davoust et du général Foy avaient aussi pris sa défense. Sans doute on a rendu justice aux sentiments qui animaient ces défenseurs naturels de l'illustre maréchal ; mais parce qu'ils remplissaient un devoir, n'a-t-on pas accordé moins de confiance à leurs allégations, scruté leurs raisonnements avec quelque défiance ?

D'un autre côté, si des militaires d'un grand mérite, tels que le général Gourgaud, après avoir vu, de leurs propres yeux, ce qui s'est passé dans les premiers jours de la campagne de 1815, après avoir eu, dans les combats de cette époque, un rôle important et l'avoir rempli de la manière la plus honorable, si les fidèles serviteurs, disons plutôt, si les nobles compagnons du grand exilé se sont porté les accusateurs du maréchal Ney, ne peut-on pas dire que, eux aussi, sont suspects de partialité ?

Leur admiration pour l'illustre proscrit, bien justifiée sans doute, n'a-t-elle pas dû, lorsqu'ils ont eu à apprécier ses actes, influer sur leur jugement? Leur dévoûment, surexcité par le spectacle d'une grande infortune, ne leur ôtait-il pas, à leur insçu, la faculté de le juger impartialement? Le juger..... Ah! sans doute, il auraient repoussé comme irrespectueuse et criminelle, la seule idée de s'arroger le titre de juges de l'homme prodigieux qu'ils réputaient infaillible; ils auraient refusé également celui de défenseurs et cependant, c'est le seul qu'ils auront aux yeux de la postérité.

Mais, dira-t-on, il est une autorité qui doit être irrécusable, celle de Napoléon lui-même, et c'est sous sa dictée qu'ont été écrits les *Mémoires de Sainte-Hélène*. Or, suivant ces Mémoires (Livre IX) « Ney » ayant reçu un ordre, hésita, perdit huit heures, et » sans ce retard, l'armée prussienne eut été complé- » tement détruite dans la journée du 16, elle n'eût donc » pas paru le 18, sur le champ de bataille de Waterloo. » Une accusation aussi précise, rendrait peut-être toute justification impossible, si elle eut été exprimée en ces termes le 17 Juin, par l'Empereur lui-même, mais il est à remarquer que l'authenticité de ce Livre IX est contestée et nous aurons occasion d'en citer des passages qui, certainement, n'ont pu être dictés par le grand capitaine à qui ce Livre est attribué.

Au reste, que longtemps après l'événement, Napoléon ait blâmé son lieutenant pour se justifier, à ses propres yeux, de n'avoir pas fait tout ce qui pouvait assurer la réussite de son plan d'attaque, devrait-on s'en étonner ? Est-il un homme, quelque grand qu'il puisse être, qui soit absolument et constamment exempt des faiblesses de l'humanité ?

Ce préambule a pour objet de vous faire voir, Messieurs, que la question dont j'ai l'honneur de vous entretenir n'est pas encore définitivement jugée ; qu'il est donc utile de recueillir tous les faits qui peuvent répandre sur elle quelque lumière. Le prince de la Moskowa, fils aîné du maréchal Ney, pour effacer l'impression produite par la publication récente d'un écrit de M. Achille de Vaulabelle, où le maréchal est traité avec une grande rigueur, avait proposé de soumettre cette question à un tribunal d'arbîtres choisis parmi les officiers généraux les plus capables de la résoudre ; mais cette proposition est restée sans effet.

Dans un débat aussi important, le jugement serait-il réservé à la postérité, à qui l'on attribue plus d'impartialité qu'aux contemporains ? Mais en attendant, on écrit l'histoire de nos dernières guerres, chaque année de nouveaux écrivains entrent en lice, publient leurs relations et leur jugement, et ces jugements, en ce qui concerne le maréchal Ney, semblent calqués, pour la plupart, sur les Mémoires de Sainte-Hélène. Comment des auteurs incompétents dans les matières militaires oseraient-ils s'écarter de ce guide ? Leur accord en imposera cependant aux historiens futurs, et le débat se trouvera tranché sans avoir été réellement jugé.

Il est temps encore de produire les faits qui peuvent jeter du jour sur cette question, mais, plus tard, un témoignage isolé n'aurait plus la même force, parce que ceux qui peuvent le contredire maintenant n'existeraient plus alors. Je ne porte un défi à personne ; mais je puis bien m'étonner de ce que le maréchal Soult ne soit pas encore intervenu dans cette affaire, je ne dirai pas comme témoin désintéressé, mais comme témoin bien informé. Qui mieux que lui pourrait dire quels ordres ont été donnés au maréchal Ney, quels obstacles en ont retardé l'exécution ?

Dans l'intérêt de la vérité historique, que tous ceux, donc, qui ont pris part à ces guerres et qui se trouvaient en position de comprendre ce qui se passait autour d'eux, disent ce qu'ils ont vu, si ce qu'ils ont vu n'est pas bien connu ou s'il est contesté.... C'est un devoir qu'ils ont à remplir, c'est celui dont j'entreprends de m'acquitter :

Pour faire connaître le plan d'attaque conçu par l'Empereur, ou plutôt celui qui lui est attribué et qui, certainement, n'était pas invariablement arrêté, mais devait être, comme il l'a été à plusieurs reprises, modifié dans son exécution, je dois dire d'abord quelles étaient au début de la campagne les situations respectives de l'armée française et des deux armées ennemies : L'armée anglo-hollandaise forte de 102,000 hommes, avait sa gauche à Nivelles, lord Wellington qui la commandait était à Bruxelles. Composée de 133,000 hommes et commandée par Blücker, l'armée prussienne, dont le quartier-général était à Namur, s'étendait de Charleroy à Liège, et, en avant de Namur jusqu'à Dinant.

A ces 235,000 hommes, Napoléon n'avait à opposer que 115,500 hommes. Cette armée, développée d'abord, sur la frontière de Lille à Metz, se trouva concentrée, le 14 Juin, entre Maubeuge et Fumay ; ce jour-là même, anniversaire de Marengo et de Friedland, l'Empereur arrivé à Avesnes dès la veille, fit une proclamation, suivant son usage, et, le soir, alla établir son quartier-général à Beaumont. Son intention était évidemment de pénétrer entre les deux armées ennemies, de profiter de l'éloignement et de la dissémination des corps anglais, brunsvickois et hollandais pour attaquer, avec avantage, l'armée prussienne, dont les quatre corps n'étaient pas réunis, celui du général Bulow, fort de 36,000 hommes, étant posté aux environs de Liége.

Tout semblait concourir au succès de cette habile manœuvre; lord Wellington s'attendait si peu à une attaque, que le lendemain 15, dans une dépêche adressée au czar, il discutait un plan d'invasion en France. (1)

L'immobilité des Prussiens pendant la journée du 14, connue à Beaumont au moment où Napoléon y arriva, prouvait que Blücker ne soupçonnait pas la concentration de notre armée.

Mais le lendemain 15, vers les six heures du matin, au moment où les quatre corps de cette armée et la garde, s'avançaient vers Marchiennes-au-Pont, Charleroi et Chatelet pour forcer le passage de la Sambre, le général Bourmont; dont la division se trouvait à deux lieues en avant de Philippeville, abandonnant cette division, se rendait à Namur, où était le général prussien ; Blücker eut donc connaissance du mouvement de notre armée avant neuf heures, tandis qu'il n'eut pû en être informé que dans la soirée, si l'avis lui en fut venu seulement après l'attaqne de Charleroi.

On a dit et souvent répété que cette désertion avait dérangé le plan de campagne de Napoléon, parce que Bourmont l'avait fait connaître à Blücker. Tout ce que ce général pouvait savoir à ce sujet, c'est que l'armée qu'il venait de quitter se dirigeait vers la Sambre, mais c'était assez pour le général prussien ; il pût profiter de cet avis pour renforcer les troupes qui, après avoir évacué Charleroi, défendirent et parvin-

(1) On dit aussi que Wellington ne fut informé que le soir du même jour, dans une fête, chez une dame russe, de l'irruption de l'armée fançaise.

rent à conserver, presque jusqu'à la nuit, la position de Gilly, ce qui lui donna le temps de concentrer ses forces, en rappelant les détachemens disséminés entre Namur et Dinant, de prendre ses dispositions pour réunir le lendemain, au-delà de Fleurus, trois de ses corps d'armée (le 4e cantonné vers Liège était trop loin pour arriver sitôt) et de leur faire occuper, avant d'être attaqués, la forte position de Ligny. Divers contretemps vinrent encore à son aide : ainsi le 3e corps commandé par le général Vandamme, qui devait arriver à neuf heures devant Charleroi, ne traversa cette ville qu'à une heure après-midi et ne pût attaquer Gilly que lorsque l'ennemi y était déjà fortement établi. Quand au 4e corps sous les ordres du général Gérard, il aurait assuré le succès de cette attaque s'il eut pu traverser la Sambre de bonne heure; mais ce corps venait de loin, il avait dû suivre de très mauvais chemins et ce ne fut qu'à la chûte du jour, qu'il pût s'établir sur la rive gauche de la Sambre, à Chatelet.

La tardive arrivée du 3e corps devant Charleroi, détermina l'empereur à faire enlever cette ville par les sapeurs et marins de la garde. La cavalerie du général Pajol qui les suivit, poussa vivement les Prussiens, sur la route de Fleurus; mais il aurait fallu de l'infanterie pour les débusquer de Gilly où ils étaient déjà en force.

Voyons maintenant, ce qui se passait à l'aile gauche :

Le général Reille, à la tête du 2e corps, s'était mis en marche à trois heures du matin, se dirigeant sur Marchiennes-au-Pont: quelques avant-postes ennemis, trop faibles pour lui opposer résistance, n'avaient pu ralentir sa marche. Il lui avait été ordonné dès la veille, de passer la Sambre, ou à Marchiennes, ou à Charleroi, suivant l'occurrence, et c'est à Marchiennes qu'il la traversa, d'après un nouvel ordre expédié à huit heures et demie du matin. Cet ordre lui recommandait de se porter à une ou deux lieues en avant, *s'il n'avait pas de forces devant lui*, et de former ses divisions sur plusieurs lignes, sur la grande route de Bruxelles.

Le 1er corps commandé par le général d'Erlon suivait le mouvement du 2e et devait, d'après un ordre expédié, ainsi que le précédent, du bivouac de Jumignon, mais à dix heures seulement, se placer sur la route de Charleroi à Mons et à trois heures, l'empereur étant en avant de Charleroi, prévenait le comte d'Erlon que le 2e corps allait attaquer l'ennemi qui s'était arrêté à Gosselies, et lui ordonnait de marcher aussi sur Gosselies pour appuyer cette attaque; enfin, vers les huit heures du soir, un ordre expédié de Charleroi par le major général, le maréchal Soult, prescrivait au commandant du 1er corps de joindre le 2e vers Gosselies, en se conformant, à ce sujet, aux ordres que lui donnerait le prince de la Moskowa.

Jusqu'à ce moment le maréchal n'avait pu prendre aucune part aux évènements de la journée : il venait d'arriver, à 7 heures du soir, en avant de Charleroi, à l'embranchement de la route de Bruxelles et de celle qui va à Namur, par Fleurus, là il avait rejoint l'empereur qui lui avait dit de prendre le commandement des deux premiers corps d'infanterie, de la division de cavalerie légère du général Pirée et de deux régiments de la garde, chasseurs et lanciers, qui devaient être remplacés le lendemain par les réserves de grosse cavalerie aux ordres du général Kellermann. *Allez*, lui avait-il dit, *et poussez l'ennemi*. Le maréchal qui n'avait reçu à Paris que le 11 juin, à onze heures du soir, l'ordre de se rendre à l'armée, n'avait revu l'Empereur que le 13, à Avesnes, et là il n'avait pû recevoir d'ordre relatif à l'occupation des Quatre-Bras, puisqu'aucun commandement ne lui était assigné, et que d'ailleurs, le plan de Napoléon ne pouvait être arrêté dans ses détails d'exécution.

Le général Gourgaud n'a donc pas pu dire que la position des Quatre-Bras aurait dû être occupée, dès le 15 à dix heures du matin, par le maréchal qui alors était encore à Beaumont, il aura écrit, le 16 juin, et cette date aura été falsifiée dans l'impression.

C'est à tort aussi, et sans preuve, que l'on a écrit que le maréchal Ney avait reçu le 15 juin, l'ordre de s'emparer des Quatre-Bras dans la soirée même; car *pousser l'ennemi* qui était encore en avant de Gosselies, ou lui enlever une position à trois lieues au-delà, sont des choses très-différentes, et l'on ne cite pas un ordre du 15, qui ait suivi celui donné de vive voix, par l'empereur, au maréchal?

Je dirai plus : cet ordre n'a pas pû être donné..... Serait-ce pendant que les Prussiens résistaient encore à l'attaque de Gilly que Napoléon, sachant que Blücker a dû être informé dans la matinée de la marche de l'armée française sur Charleroi, et devant supposer que le général prussien a pû concentrer ses forces entre Namur et Fleurus, serait-ce dans un tel moment, dis-je, que Napoléon aurait prescrit l'attaque, l'enlèvement d'une position située à près de six lieues en avant du gros de sa propre armée, sur le flanc de l'ennemi et même au-delà? Non! cela ne peut être supposé... et si la canonnade de Gilly causait quelqu'inquiétude au maréchal Ney, lorsqu'il faisait avancer le 2ᵉ corps au-delà de Gosselies, on ne doit pas s'en étonner; il est à croire même qu'il ne lança une division de cavalerie légère jusqu'à Frasne, que lorsque la cessation de cette canonnade lui donna lieu de penser que les Prussiens avaient abandonné la position de Gilly.

Mais, dira-t-on, l'ordre de se rendre maître des Quatre-Bras n'a-t-il pas pû être donné après l'évacuation de Gilly? Comment! à la nuit close, l'Empereur aurait ordonné de remettre en marche des troupes qui venaient de faire huit lieues en combattant, de leur faire faire encore deux lieues, pour attaquer, de nuit et dans une position peu connue, des troupes qui pouvaient avoir reçu, dans le courant de la journée, de puissants renforts fournis par l'armée anglaise! Non, cela n'est pas possible!

On conviendra de cela, peut-être, mais on dira, et on l'a déjà dit dans le IXme livre du *Mémorial de Ste-Hélène*, que c'est le 16 à la pointe du jour, que l'attaque devait avoir lieu; mais cela n'est appuyé d'aucune preuve, ce n'est qu'une allégation vague... Non, je me trompe, c'est une accusation formelle et précise; car le rédacteur de ce livre IX, après avoir dit que le maréchal avait reçu l'ordre d'attaque, dans la nuit, ajoute: « Le général Flahaut porta cet ordre. » Mais cela est une preuve de l'inexactitude du fait; car le général Flahaut a certifié que la lettre qu'il avait portée au maréchal lui avait été dictée par l'empereur, le 16 entre huit et neuf heures du matin, et ce n'est qu'à dix heures qu'il s'arrêtait à Gosselies, pour la communiquer au général Reille; il n'a donc guères pu la remettre au maréchal qui était à Frasnes, avant onze heures.

Que devient donc, en présence de cette conséquence, l'assertion que la position des Quatre-Bras aurait du être attaquée et enlevée au point du jour? c'est là-dessus, cependant, que se fonde cette accusation que le maréchal *hésita.... qu'il perdit huit heures...* Ney aurait hésité une fois en sa vie, il aurait hésité, pendant huit heures, à attaquer l'ennemi, alors que cette attaque lui était ordonnée! et d'où lui serait venue cette hésitation si contraire à son caractère, à ses habitudes? Ce n'est pas, je puis le dire, de la crainte d'éprouver une trop forte résistance; car il supposait que la position était faiblement occupée par l'ennemi. (1).

Le maréchal pouvait se tromper, et nous verrons qu'il se trompait en effet, ou que, du moins, si les défenseurs des Quatre-Bras, était aussi faibles qu'il le pensait, aussi incapables de lui résister, de puissants renforts ne devaient pas tarder à leur arri-

(1) Voici la preuve que je puis en donner :

Je venais d'arriver à Frasnes, il était midi environ, et désirant reconnaître la position qu'occupait l'ennemi, je m'avançais sur la grande route, ou plutôt sur le terrain élevé qui, en ce point, borde cette route, lorsque j'entendis un cri d'appel qui ne pouvait s'adresser qu'à moi; je me retournai, et je vis un groupe d'officiers généraux qui, prévoyant que j'attirerais sur eux l'attention des vedettes ennemies, me faisaient signe de descendre sur la route. J'obéis, et, revenant sur mes pas, je vis que ces officiers était le commandant en chef du 2e corps et les généraux divisionnaires Foy et Bachelu, lesquels accompagnaient le maréchal qui leur prescrivait les dispositions de l'attaque.

Le général Bachelu ayant fait remarquer que les ondulations du terrain et la hauteur des blés lui permettraient de dérober à l'ennemi l'approche de sa division, qui devait marcher entre la route et un bois situé à sa droite (le bois de Delhutte qui n'existe plus) le maréchal l'interrompit par ces mots : « Qu'avez-vous besoin de tant de précau- » tions, vous n'aurez affaire qu'à cette poignée d'allemands qui, hier, » ont été sabrés à Gosselies. »

ver ; mais c'est ce qu'il n'a pas prévu, et l'on dira peut être que s'il ne voyait pas de nécessité à faire l'attaque aussitôt après en avoir reçu l'ordre, il ne devait voir, non plus, aucun inconvénient à exécuter cet ordre, sans retard, à enlever la position et à s'y établir, sauf à attendre pour se porter en avant, à la rencontre de l'armée anglaise, que le 1er corps fut arrivé ; pourquoi ne l'a-t-il pas fait? C'est apparemment parce qu'il comprenait qu'il ne lui suffisait pas d'occuper les Quatre-Bras, qu'il fallait qu'il pût s'y maintenir, résister à l'attaque possible de toute l'armée anglaise, et il ne l'aurait pas pu, avec trois seules divisions du 2e corps (1) et quelques régiments de cavalerie.

Et il ne faut pas que le titre de position militaire que l'on donne aux Quatre-Bras, et qui emporte l'idée d'une configuration de terrain favorable à la défense, d'une réunion d'obstacles contraire à l'attaque, en impose et fasse croire que le 2e corps aurait pu la défendre contre des forces supérieures ; non, car si cette position était bonne pour nos ennemis, pour nous elle aurait été sans valeur contre une attaque, elle ne nous aurait procuré aucun avantage défensif. (2)

Le maréchal agissait donc prudemment en diffé-

(1) Celle du général Girard lui avait été enlevée, la veille par l'Empereur, qui l'avait réunie à son aile droite.

(2) C'est ce que j'ai pu reconnaître, en 1846, en revoyant les champs de bataille de 1815.

rant son attaque, je ne dis pas jusqu'à l'arrivée du 1er corps (il n'a pas attendu jusque là) mais jusqu'au moment où il a pu croire que ce corps n'était plus qu'à peu de distance du 2e corps et pourrait, au besoin, le soutenir.

N'avait-il pas, d'ailleurs, un autre motif pour ne pas se hâter? Ignorant ce qui se passait à l'aîle droite, sachant seulement, par le silence du canon, que l'Empereur n'avait pas encore abordé les Prussiens, et ne pouvant savoir si ceux-ci avaient concentré leurs forces vers Fleurus, ou s'ils n'occupaient pas une position encore plus menaçante pour lui, s'ils ne pourraient pas arrêter le 1er corps dans sa marche.. Devait-il, au milieu de ces incertitudes, lancer le 2e corps, déjà bien isolé, encore plus en avant; devait-il aller provoquer un nouvel ennemi, l'armée anglaise qui ne pouvait être éloignée et à qui il épargnerait la fatigue d'une partie du chemin? Vraiment, en réponse à ces questions, on serait peut-être autorisé à faire au maréchal Ney un reproche tout opposé à celui qui lui a été adressé, et à dire qu'il n'aurait pas du attaquer les Quatre-Bras avant d'être sûr de la prochaine arrivée du 1er corps, à Frasne.

Le calonel Heymès, son aide-de-camp, l'excuse en quelque sorte de n'avoir pas plus long-temps différé cette attaque : après avoir insinué plutôt qu'affirmé, que si le maréchal n'avait pas exécuté immédiatement l'ordre que le général Flahaut lui avait remis vers onze heures, c'est qu'il atendait le 1er corps, ce colonel ajoute : « Le temps s'écoulait, il était une heure » et le 1er corps n'arrivait pas, on n'avait pas même » de ses nouvelles ; mais il ne pouvait pas être éloi- » gné. Le maréchal n'hésita pas à engager l'action ; » les Anglais se renforçaient *à vue d'œil*; mais leur » supériorité numérique ne l'inquiétait guère. » Il aurarait eu tort de ne pas s'inquiéter de cela, l'événement ne l'a que trop prouvé, et son défenseur se trompe en disant que les Anglais se renforçaient *à vue d'œil* ; car les routes de Bruxelles et de Nivelles, par où des renforts pouvaient arriver à l'ennemi, étaient dérobées à l'*œil*, ainsi que le hameau des Quatre-Bras et tout le terrain au-delà, par le bois du Boussu. (1) ou par la configuration du sol. Mais il ne s'agit pas de justifier le maréchal Ney de trop de précipitation, c'est le reproche de trop de lenteur qui est seul sérieux, et il résulte, ce me semble, de ce que j'ai déjà dit, à ce sujet, qu'on ne peut plus l'accuser de n'avoir pas occupé les Quatre-Bras, le 15 au soir ou du moins le 16 dès la pointe du jour ; mais tout au plus, de n'avoir exécuté qu'à une heure après-midi, l'ordre qu'il avait reçu, à onze heures, d'attaquer cette position. Sans doute il n'avait pas besoin de deux heures pour se préparer à cette attaque, car

(1) Ce bois qui a fait partie de la dotation fondée par le roi de Hollande, en faveur de lord Wellingthon, a été abattu depuis, il n'en reste plus que quelques arbres de son pourtour. Avis aux touristes.

il devait bien prévoir qu'il lui serait ordonné de la faire ; aussi ai-je dit quels motifs avaient pu le porter à la retarder, et je n'ai pas tout dit à ce sujet, j'aurais pu ajouter que si le maréchal devait s'emparer des Quatre-Bras, ce n'était pas seulement pour arrêter l'armée anglaise, pour empêcher sa jonction avec l'armée prussienne, mais encore pour prendre à revers la position que cette seconde armée occupait à Fleurus ou plus en arrière, et il ne pouvait entreprendre cette attaque qu'avec le 1er corps.

Sans doute, il aurait dû se hâter, dans la prévision de l'arrivée prochaine des Anglais, mais je le répète, il devait craindre que le 2e corps fut insuffisant pour résister à leur attaque, et j'ajouterai que ce qu'il avait à redouter, c'est que pendant que ce corps incomplet serait attaqué, de front, par les troupes anglaises arrivant par la route de Bruxelles, il ne fut enveloppé par celles venant de Nivelles ; et l'on ne dira pas que cette crainte était chimérique, puisque, si l'on s'en rapporte au *Mémorial*, on a cru un instant qu'elle se réalisait, on aurait prévenu l'Empereur que le flanc de son aile droite était menacé par une colonne ennemie qui avait dû passer entre le 1er et le 2e corps de son armée. Cette erreur, car c'en était une, constate la réalité d'un danger qui ne pouvait être écarté que par la jonction de ces deux corps.

On le voit donc, si le maréchal Ney avait des motifs pour se hâter, il en avait aussi de puissants pour attendre sinon l'arrivée, du moins l'approche du 1er corps.

Et quelle a pu être la cause du funeste retard de ce corps? Cette cause ne peut-être attribuée au maréchal, puisque le général d'Erlon a reconnu qu'il avait reçu, de onze heures à midi, l'ordre de mettre en marche, et de diriger sur Frasnes, ce corps d'armée qui, à midi, devait être prêt à opérer ce mouvement, puisque son chef avait eu communication, à dix heures et demie, de l'ordre confié au général Flahaut,... ce qui est constaté par une lettre du général Reille au maréchal, écrite à dix heures un quart. Il m'a été affirmé, cependant, par un témoin irrécusable, que ce corps ne s'était mis en marche qu'à une heure, et (ce qui n'est pas moins inconcevable), que la tête de la colonne n'était arrivée vers le chemin Romain, en arrière de Frasnes, qu'à quatre heures environ, n'ayant fait que deux lieues en trois heures, malgré l'ordre de *faire diligence* donné par le comte d'Erlon (il l'a ainsi déclaré) alors qu'*il prit les devants pour voir ce qui se passait aux Quatre-Bras.*

Avant de faire connaître les conséquences de la lenteur apportée dans l'expédition, la transmission et l'exécution des ordres donnés à l'aile gauche de notre armée, il est nécessaire de dire ce qui se passait à l'aile droite où des retards avaient également lieu :

L'Empereur venait de donner au maréchal Grouchy le commandement de cette aile droite, composée des 3e et 4e corps d'infanterie, aux ordres des lieutenants-généraux Vendamme et Gérard, et de trois corps de cavalerie, les 1re, 2e et 4e, tous ces corps devaient être dirigés vers Sombref, y prendre position et occuper Gembloux, au-delà de la route de Namur à Quatre-Bras.

Si ce mouvement avait pu être opéré, l'armée de Blücker eût été séparée de celle de Wellington, et il entrait, apparemment, dans le plan de Napoléon d'attaquer les Prussiens, avec son aile droite, pour les refouler vers Namur, ou les rejeter au-delà de la Meuse, ou bien pour les forcer de se retirer vers Liège ; pendant que Ney, avec l'aile gauche, repousserait les Anglais vers Bruxelles (où ils ne se seraient pas arrêtés sans doute) ou du moins, les arrêterait, empêcherait ainsi qu'ils portassent secours aux Prussiens. Mais la réussite de ce plan exigeait, dans son exécution, cette promptitude à laquelle l'Empereur avait si souvent dû la victoire, et l'ordre de se mettre en marche fut donné trop tard, aux corps d'armées (1.) Lui-même, Napoléon, ne quitta qu'à dix heures et demie son quartier-général de Charleroi, pour se rendre à

(1) Le général Gérard recevait cet ordre, au Châtelet, à neuf heures et demie, et il augurait mal de ce retard ; il pensait, avec raison, qu'il aurait fallu, par la promptitude de l'attaque déconcerter les dispositions défensives de l'ennemi.

Fleurus, ou plutôt vers Fleurus, que les Prussiens occupaient encore, et que sa garde allait attaquer. Là, il pût reconnaître que ses ordres avaient été trop tardifs; car il apprit qu'entre Sombref et Bry, on apercevait des masses prussiennes très-compactes.

Il avait donc été devancé par Blücker.... Ce général prussien, informé, dès la veille à neuf heures du matin, de la direction du mouvement des corps de l'armée française, avait compris que le projet de l'Empereur était de le séparer de Wellington et, pour faire échouer ce projet, il avait fait opérer par l'armée prussienne, un mouvement de flanc qui la rapprochait de l'armée anglaise. Cette manœuvre hardie, hasardeuse, rapidement exécutée, trompa les prévisions de l'Empereur. Je dis hasardeuse, je dirais téméraire, si l'on pouvait taxer de témérité, le recours à un moyen de salut, s'il est unique, quelque dangereux qu'il soit. Le danger bravé par Blücker, était très-grand en effet; son armée attaquée pendant sa marche précipitée sur la route de Namur à Sombref, aurait pu être détruite; mais il eût fallu, pour cela, que l'armée française fut mise en mouvement dès la pointe du jour, à trois ou quatre heures du matin. Quoiqu'il en soit, échappée à ce danger, l'armée prussienne n'était plus séparée des Quatre-Bras, avant-poste de l'armée anglaise, que par un intervalle de deux lieues, elle prit position entre Sombref et Saint-Amand, derrière un ravin encaissé, et de là elle dominait le terrain en avant.

Cette position était très-forte, assurément, mais n'avait-elle pas un défaut dont Napoléon aurait pû profiter ? Son front était bien couvert par le ravin ; mais son flanc droit, bien plus rapproché des assaillants que sa gauche, n'était protégé par rien ; si donc l'Empereur avait fait tourner ce flanc, par sa garde, Blücker aurait dû changer son front ou le briser, il aurait perdu l'avantage de sa position, et le succès de cette attaque pouvait avoir, pour résultat, le refoulement des Prussiens vers la Meuse ; tandis que l'attaque de front, qui n'a réussi que par de grands efforts et au prix de beaucoup de sang, a permis au vaincu de se retirer sans trop s'éloigner des Anglais et en conservant la faculté de se rapprocher d'eux.

Mais dire que sur un champ de bataille Napoléon aurait pu faire mieux qu'il n'a fait, n'est-ce pas s'exposer à être taxé d'une folle présomption ? Je me hâte donc d'ajouter que l'Empereur avait bien le projet d'attaquer la position des Prussiens, de flanc et même de revers, mais que, pour cette attaque il comptait sur la prochaine intervention de son aile gauche ; ne pourrait-on pas dire, cependant, que se voyant privé de cet auxiliaire il n'en devait pas moins tenter de tourner la position, d'envelopper Saint-Amand.... Mais ses dispositions d'attaque étaient prises dans la supposition que le 1er corps allait paraître sur les derrières de l'ennemi, pouvait-il les changer ? le pouvait-il sans danger ? Et, pour ne rien changer à ces dispositions, lui restait-il assez de troupes non-engagées?

A ceux qui ont pu suivre de près les opérations de notre aile droite, je laisserai le soin de répondre à ces questions; et maintenant, que j'ai suffisamment indiqué quelle était, de ce côté, la situation de notre armée, en présence de celle des Prussiens, au moment où notre aile gauche engageait l'action avec les défenseurs des Quatre-Bras, je reviens à l'attaque de cette position :

A midi, les Écossais n'étaient pas encore arrivés aux Quatre-Bras, et les Anglais étaient loin encore; mais, au moment de l'attaque, à une heure, les premiers étaient là et les autres accouraient; déjà même, ceux-ci étaient arrivés en assez grand nombre lorsque la division Bachelu s'avança vers cette chaussée, dans le but d'attaquer le flanc de la position, et avaient pu s'établir assez solidement, en avant de la chaussée de Namur, pour arrêter cette division et forcer un de ses régiments à se retirer dans le plus grand désordre. (1)

(1) Comme on n'admet pas volontiers, en France, qu'un régiment français puisse être réduit à la nécessité de se retirer en désordre, devant l'ennemi, ce fait pourra être révoqué en doute; je dois donc prouver que je ne puis m'être trompé, sur sa réalité :

J'accompagnais la division Bachelu; mais j'avais dû m'arrêter pour faire abattre, par la compagnie de sapeurs attachée à cette division, quelques crêtes qui pouvaient gêner les mouvements de l'artillerie; le général Bachelu ayant besoin de cette compagnie, je venais de la

L'attaque, dirigée sur le front de la position n'éprouvait pas de moindres difficultés, et en effet, les carabiniers d'une brigade du général Kellermann, avaient bien pu, d'abord, déloger l'ennemi du hameau des Quatre-Bras; mais bientôt ils avaient dû céder à des forces supérieures. Là, le duc de Brunswick et le général anglais Hill, tombèrent sous le feu de la division du prince Jérôme; mais la position ne put être enlevée, et c'est assez pour l'honneur des assaillants et du maréchal qui les commandait qu'ils aient pu arrêter, là, l'armée anglaise qui avait pris l'offensive, et l'empêcher de se joindre aux Prussiens, ce qui aurait préservé ceux-ci d'une défaite.

Ce fait sur lequel j'insiste, par impartialité, que la

ui envoyer et de la remplacer par une autre, lorsque je vis accourir une masse confuse de soldats. Appercevant un chef de bataillon qui les suivait, je courus vers lui et l'engageai à remettre en ordre ces hommes épars et, sur ce qu'il me dit, que c'était là l'affaire de son colonel, et qu'il ne savait ce qu'était devenu ce colonel, je pris sur moi de lui ordonner, au nom du général en chef, de réunir ces soldats et de les mettre en ligne à la gauche d'une compagnie de sapeurs que j'avais fait mettre en bataille à une petite distance de là. Cet officier exécuta, non sans hésitation, cet ordre improvisé que je donnai aussi, en mon nom cette fois, au capitaine de la compagnie de sapeurs de la division Bachelu, qui revenait principalement sur ses pas, d'après l'ordre du général lui-même.

Quelques instants après, ayant aperçu le général Reille qui s'avançait, seul et à pied, pour voir ce qui arrêtait cette division, qui n'était pas encore soutenue par celle du général Foy, je lui rendis compte de ce que je venais de faire, en son nom, et il l'approuva.

position des Quatre-Bras était faiblement occupée pendant la matinée; mais que le nombre de ses défenseurs s'est rapidement accru après midi; ce fait, dis-je, a une grande importance dans ce débat; car il en résulterait qu'attaquée plus tôt, cette position eut été facilement enlevée et que, par conséquent, on pourrait reprocher au maréchal Ney l'insuccès de son attaque, si toutefois elle avait été retardée par sa faute. (1)

Mais peut-on dire qu'il ait eu tort de ne pas faire cette attaque avant d'en recevoir l'ordre? On peut regretter qu'il ne l'ait pas fait; mais l'en blâmer, non. A onze heures il n'avait pas reçu cet ordre, et qu'est-ce qui lui était ordonné alors? « L'Empereur » ordonne, lui écrivait le major-général, que vous » mettiez en marche les 2e et 1er corps d'armée, ainsi

(1) Bien que je me fasse ici, par conviction, le défenseur officieux de cet illustre capitaine, je dois reconnaître la vérité du fait, et pour corroborer mon assertion, je dirai qu'elle s'appuie sur le témoignage irrécusable de deux officiers de l'armée Anglo-Néerlandaise.

Ces deux officiers, avec qui j'ai eu de fréquentes relations, en 1831, alors que j'étais en mission près du général Belliard, ambassadeur de France en Belgique, sont le général Goblet, qui a été successivement ministre de la guerre, directeur général des fortifications, ambassadeur belge à Berlin.... et M. Whyte, *suppléant* à Bruxelles de l'ambassadeur anglais, lord Ponsomby.

En 1815, le premier était capitaine du génie et prenait part à la défense des Quatre-Bras, avec une brigade hollandaise; le second était attaché à l'état-major de lord Wellington.

» que le 3me corps de cavalerie et les *dirigiez* sur » l'intersection de chemins dite *Les Trois-Bras*, ou » vous leur ferez prendre position... Que vous éta- » blissiez une division à Genappe... une autre du côté » de Marbaix... Le maréchal Gouchy doit se diriger » sur Sombref avec les 3me et 4me corps d'infanterie » et les 1er, 2e et 4e corps de cavalerie; il fera occu- » per Gembloux. »

Toutes ces dispositions supposaient que Wellington restait inactif à Bruxelles et Blücker à Namur. C'est aussi ce que supposait la lettre dictée par l'Empereur au général Flahaut. Rien, dans cette lettre qui pût faire penser, au maréchal, qu'il dût se hâter d'occuper les Quatre-Bras : « Je serai à Fleurus avant midi ; » j'y attaquerai l'ennemi si je le rencontre. » Et à midi, plus tard encore, le silence du canon disait au maréchal que cette attaque de Fleurus n'était pas commencée ; n'était-ce pas pour lui une raison de croire que, sans inconvénient, il pouvait différer celle des Quatre-Bras ?

Devait-il la faire précipitamment avant l'arrivée du 1er corps, au risque d'être séparé de ce corps, par l'armée prussienne, alors que l'Empereur n'avait pas encore arrêté un plan définitif? Napoléon lui écrivait: « D'après ce qui se passera *je prendrai mon parti*... » peut-être à trois heures, peut-être ce soir... soyez » prêt à marcher sur Bruxelles après que j'aurais *pris* » *mon parti*... Vous vous mettriez en marche ce soir

» même, *si je prends mon parti* d'assez bonne heure
» pour que vous puissiez en être informé de jour...
» aussitôt que *mon parti sera pris* (et que vous en
» serez informé, ceci est sous-entendu) vous ordon-
» nerez au comte de Valmy de vous rejoindre (1).
Et plus loin : « Il est *probable* que je me déciderai ce
» soir à marcher sur Bruxelles avec la garde... Je
» désire que vos dispositions soient bien prises pour
» qu'au premier ordre vos huit divisions (2) puissent
» marcher rapidement et sans obstacle sur Bruxelles. »

Ainsi Napoléon n'avait pas encore de parti pris, l'occupation des Quatre-Bras n'était, dans sa pensée, qu'un moyen d'arrêter les Anglais s'ils tentaient de venir au secours des Prussiens ; il comptait qu'avec les premiers il ne pouvait y avoir qu'une *échaffourée* et que, pour culbuter les seconds, dont au reste il ne connaîssait pas encore la position, il n'aurait pas besoin de les faire attaquer de revers par un corps de son aile droite. Et lorsqu'arrivé à Fleurus, vers midi, il prit ses dispositions pour l'attaque de la position de Ligny, il n'avait pas encore, on peut le croire du moins, l'intention d'écarter les Prussiens, de l'ar-

(1) Les 3,000 cuirassiers d'élite commandés par Kellerman (le comte de Valmy) devaient être placés à l'intersection du chemin romain et de la route de Bruxelles... pour que l'Empereur pût, au besoin, dit-il, les attirer à lui.

(2) L'Empereur oubliait que, la veille, il avait attiré à lui et gardé une division du 2e corps.

mée anglaise; car en attaquant de front leur ligne oblique, il semble plutôt avoir voulu les refouler vers les Quatre-Bras, les envelopper, les écraser entre l'une et l'autre des ailes de son armée. Mais bientôt il pût s'appercevoir que la chose n'était pas aussi facile à exécuter qu'à concevoir, et c'est alors qu'il dût prendre un nouveau parti :

Le major-général écrivait, en effet, au maréchal Ney, à deux heures après-midi et non pas à neuf heures du matin (comme l'a dit M. de Vaulabelle) « L'intention de S. M. est que vous attaquiez *ce* » *qui est devant vous* (1), et qu'après l'avoir » vigoureusement poussé, vous rabattiez sur nous » pour concourir à envelopper les Prussiens. » Cet ordre, adressé à Gosselies lorsque le maréchal était déjà en avant de Frasnes et aux prises avec les défenseurs des Quatre-Bras, n'a pu arriver avant quatre heures. Par un ordre expédié une heure après, mais qui a pu arriver aussitôt que le premier, parce que son porteur a pu suivre un chemin plus direct, bien plus court, le maréchal Soult, après avoir rappelé ce premier ordre, ajoutait : « S. M. me charge » de vous dire que vous devez manœuvrer sur-le- » champ de manière à envelopper la droite de

(1) On voit, par ces mots, *ce qui est devant vous*, que l'Empereur ne pensait pas que l'armée anglaise fut déjà arrivée aux Quatre-Bras ; il ne pouvait s'imaginer que le temporiseur Wellington ait si rapidement mis en marche cette armée.

» l'ennemi et tomber sur ses derrières.... Dirigez-
» vous sur les hauteurs de Bry et de Saint-Amand,
» pour concourir à une victoire peut-être dé-
» cisive...... L'ennemi cherche à se réunir aux
» anglais, l'armée prussienne est perdue si vous
» agissez vigoureusement ; le sort de la France
» est entre vos mains. (2) »

Que pouvait faire le maréchal ? Il avait attaqué l'ennemi assez vigoureusement, il lui résistait énergiquement ; mais n'ayant que trois divisions d'infanterie à sa disposition, il ne pouvait pas, sans les compromettre toutes trois, en envoyer une vers Bry ; pour cela faire, d'ailleurs, il aurait fallu que cette division parvînt à la route de Namur, et cela avait été tenté sans succès, ou bien qu'elle revînt sur ses pas jusqu'en arrière de Frasnes et du bois Delhutte, et l'ennemi prenant ce mouvement pour une retraite forcée, n'aurait pas manqué de la suivre et aurait pu, alors, envelopper le reste du corps d'armée.

Dans ce moment critique le 1er corps arrivait enfin, sa tête de colonne venait d'atteindre le chemin romain, à une demi lieue en arrière de Frasnes ; encore quelques instants, qu'on lui laisse faire encore quelques pas, et le maréchal Ney sera

(2) Ces deux ordres furent portés au maréchal Ney, le premier, par le colonel d'artillerie Laurent, le deuxième, par le colonel Forbin-Janson.

fort ; il pourra aborder la route de Namur, lancer sur cette route deux divisions d'infanterie et deux régiments de cavalerie, les pousser jusqu'à Marbais, Bry et même Sombref.... Malheur, alors, à l'armée prussienne.... Ney aura justifié pleinement la confiance de Napoléon, sans avoir eu besoin d'enlever la position des Quatre-Bras, qui sera bientôt abandonnée par Wellington, et jamais le nom fatal de Waterloo ne retentira dans le monde !

Mais à quoi tient, quelquefois, la destinée d'un empire ! De déplorables lenteurs, des retards inexplicables avaient, jusqu'à ce moment, compromis la fortune de Napoléon ; mais tout pouvait être réparé, sans le funeste malentendu dont il me reste à parler :

L'Empereur après avoir fait donner au maréchal Ney, par son major-général, les deux ordres que je viens de citer, voyant mieux encore combien étaient grandes les difficultés de l'attaque de la ligne prussienne et jugeant que le succès de cette attaque serait peu décisif, s'il n'était pas déterminé par la manœuvre de flanc qu'il venait d'ordonner, l'Empereur, dis-je, se décida à envoyer au maréchal, par son aide-de-camp Labédoyère, un nouvel ordre conforme à ceux transmis par le major général ; mais plus précis, en ce qu'il prescrivait de faire opérer, par le 1er corps, la manœuvre ordonnée. C'est ce qu'à déclaré le commandant de ce corps, le comte d'Erlon, qui a vu entre les mains de Labédoyère, cet ordre *écrit au crayon.*

Cet écrit indiquait-il le chemin que le 1er corps devait suivre pour se porter en arrière de la position occupée par l'armée prussienne ? C'est ce que personne maintenant ne peut affirmer et c'est ce que les détracteurs du maréchal auraient besoin de prouver, pour justifier leur accusation.

Cette désignation du 1er corps est un indice qui peut autoriser à croire que Napoléon prévoyait que ce corps n'était pas encore aux prises avec l'ennemi, qu'il n'avait pas encore atteint Frasnes, son intention était donc, suivant quelqu'apparence, que ce corps suivît le chemin romain, près duquel il devait se trouver, pour se porter vers Saint-Amand, sur le flanc de la ligne prussienne ou même à Vagnelé et Bry, en arrière de cette ligne ; mais cette intention était-elle exprimée formellement dans la note portée par Labédoyère, ou bien l'Empereur l'avait-il seulement fait connaître à son aide-de-camp ? On l'ignore.

Quoiqu'il en soit, à ce sujet, voici ce qui arriva :

Labédoyère se rendant de Fleurus à Frasnes, par le chemin de Mellet, arriva sur la grande route, vers le point où elle est traversée par le chemin romain, au moment où la tête de colonne du 1er corps arrivait là aussi (à 4 heures environ). Interprêtant l'ordre dont il était porteur, dans le sens que je viens d'indiquer, Labédoyère se crut apparemment autorisé à le faire exécuter avant de le remettre au maréchal et en l'absence momentanée du comte d'Erlon, et il le fit. L'urgence des circonstances pouvait justifier cette dérogation à la régle, mais l'événement l'a condamnée.

Le maréchal, lorsqu'il apprit qu'on lui enlevait ainsi le puissant renfort sur lequel il comptait pour enlever la position des Quatre-Bras et pour marcher ensuite sur les Prussiens par la route de Namur, prescrivit formellement au général d'Erlon, qui comme nous l'avons vu avait devancé son corps d'armée, de ramener ce corps sur la route des Quatre-Bras. Il était trop tard pour que cet ordre, qui contredisait, dit-on, celui de l'Empereur, servit au but que le maréchal avait en vue : Le 1er corps était déjà loin et la contre-marche ne put être opérée que par trois de ses divisions qui ne purent arriver à Frasnes qu'à la chute du jour. La quatrième qui marchait en tête, celle du général Durutte, accompagnée de la division de cavalerie du général Jacquinot, continua sa marche vers Bry, en suivant la chaussée romaine (1).

Cette faible colonne ne pouvait opérer une puissante diversion en faveur de l'attaque de Ligny (ou

(1) Il résulte d'une déclaration du général Durutte que si sa division et trois régiments de cavalerie n'ont pas rétrogradé, c'est que le général d'Erlon avait jugé nécessaires de les opposer à un corps ennemi que l'on appercevait vers la route de Namur et qui aurait pu tenter de pénétrer entre les deux ailes de l'armée française.

de la ligne dont Ligny était le centre) cependant la canonnade qu'elle engagea avec une troupe ennemie qui se trouvait sur la route de Namur, du côté de Marbais, pût hâter la retraite des Prussiens, et déterminer la direction de cette retraite. Si cette troupe ennemie était anglaise, il est à croire qu'elle venait au secours de l'armée prussienne qui, avec son concours, peut-être, aurait pu conserver, sa position; mais ne pouvant juger de la force de la colonne française qui s'interposait entre elle et les Prussiens, elle se sera prudemment arrêtée. En admettant la réalité de ce qui n'est présenté ici que comme supposition, on doit reconnaitre que le résultat du mouvement des deux divisions Durutte et Jacquinot n'a pas été nul mais il a été bien faible comparativement à celui qu'aurait produit l'action du premier corps, si le maréchal Ney n'eut pas arrêté sa marche vers Bry.

Avant de discuter le reproche adressé, à ce sujet, au maréchal, faisons remarquer une singulière contradiction échappée au rédacteur du livre IX du Mémorial : « Napoléon ne s'expliquait pas, à Sainte-» Hélène, est-il dit dans ce livre, le mouvement du » premier corps vers St-Amand, il ne l'avait donc » pas ordonné. » Cette conséquence démentie par bien des témoignages, l'est bien formellement par ce passage d'une lettre du major général, écrite le 17 juin : « Si le comte d'Erlon avait exécuté le mouve-» ment sur St-Amand, *que l'Empereur avait or-*

» *donné*, l'armée prussienne était totalement dé- » truite. » Ne semble-t-il pas, cependant, qu'on ait voulu corroborer cette conséquence par le récit d'une épisode reproduite aveuglément par M. de Vaulabelle.

« Au moment, dit-on, où l'Empereur disposait sa garde pour lui faire enlever enfin la position des Prussiens, le général Vandamme le fit prévenir qu'une forte colonne se montrait sur sa gauche et se dirigeait sur Fleurus. Des officiers affirmaient que c'était un corps anglais, devant lequel une division s'était déjà retirée. Si le mouvement du 1er corps avait été ordonné par Napoléon, ajoute-t-on, il aurait su que c'était ce corps qui arrivait ; mais non, le fait lui parut inexplicable, il arrêta le mouvement de sa garde, et, au bout d'une heure, on vint lui annoncer que cette colonne menaçante s'était éloignée ou évanouie. »

Ce qu'il y a de vrai dans ce récit, c'est la crainte répandue dans le 3e corps à la vue de cette colonne supposée ennemie ; ce qu'il y a d'étonnant, c'est que l'Empereur, avant de partager cette crainte, n'ait pas fait vérifier si ce prétendu ennemi n'était pas le 1er corps qu'il venait de faire appeler ; ce qui peut expliquer son erreur, ce n'est pas seulement le témoignage d'officiers qui déclaraient avoir reconnu que les troupes *intervenantes* étaient anglaises, c'est aussi que le 1er corps s'étant d'abord fourvoyé, se dirigeait sur Fleurus, par le chemin de Mellet, au lieu de suivre la chaussée romaine ; enfin ce qu'il y eut de fâcheux dans cette méprise, ce fut l'ordre donné au général Milhaut, qui commandait la réserve de cavalerie, de se porter, avec son artillerie, sur le point menacé.

Le général Pétiet, après avoir transmis cet ordre, ayant fait observer que cette artillerie avait déjà fait taire une batterie dirigée contre la division Gérard et que son départ compromettrait cette infanterie, fut chargé de porter un contre-ordre ; mais lorsqu'il rejoignit le général Milhaut, l'artillerie était déjà engagée dans un ravin, où elle ne pouvait faire volte-face. L'ennemi, dit le général Petiet, profita de cette fausse manœuvre.

Le mouvement du 1er corps a été ordonné par l'Empereur, nul doute n'est possible sur ce point ; mais Labédoyère en faisant opérer ce mouvement par la chaussée romaine a-t-il bien interprété cet ordre, ou bien les termes dans lesquels il était conçu autorisaient ils le maréchal à lui donner une interprétation différente ?....

D'un côté, l'on peut dire que Labédoyère avait pu recueillir, de la bouche de l'Empereur, quelques paroles exprimant le sens réel de l'ordre écrit, à la hâte au crayon ; ne peut-on pas dire, d'autre part, que le maréchal a dû penser, que la position critique du 2e corps, devant un ennemi supérieur en nombre, et avantageusement posté, n'était pas connue de l'Empereur, qu'il lui était donc permis, à lui mieux informé sur ce point, de modifier l'ordre qu'il recevait en ce qu'il présentait de contraire à la sûreté de ce 2e corps ; qu'il lui suffisait de se conformer à l'esprit de cet ordre plutôt qu'à ses termes ; que la pensée de Napoléon était bien de faire tourner la position des Prussiens par le 1er corps et que ce but serait rempli plus complétement, croyait-il, en faisant suivre, à ce corps, la route de Namur au lieu du chemin romain. Et qui sait si cet ordre indiquait la direction du mouvement ? personne n'a pû l'affirmer ; n'est-ce pas Labeydoyère qui a jugé que le chemin romain était celui que devait suivre le 1er corps pour arriver plus promptement en arrière de la ligne prussienne; et le maréchal n'a-t-il pas pu croire que le nouvel ordre n'était que la répétition de celui que le major-général avait écrit à deux heures ; qu'il ne devait donc *rabattre* sur Ligny qu'après avoir *vigoureusement poussé ce qu'il avait devant lui ?*

Quant aux explications qui avaient pu être données, de vive voix, à Labédoyère, celui-ci a du les donner à son tour, pour se justifier d'avoir pris sur lui de faire exécuter un ordre qu'il avait, seulement mission de transmettre et l'on peut croire que ces explications n'étaient pas cathégoriques, puisqu'elles n'ont pas suffi pour déterminer à une soumission absolue, le maréchal, qui savait bien cependant qu'on ne désobéissait pas impunément à l'Empereur.

Mais, dira-t-on, Napoléon avait des ménagemens à garder, dans les circonstances où il se trouvait...... Si le maréchal avait eu le tort très-grave qu'on lui reproche, s'il n'avait tenu aucun compte d'un ordre formel dont l'exécution aurait pu rendre plus décisive la défaite des Prussiens, Napoléon aurait-il hésité à le punir, ou si la gravité des circonstances imposait des ménagements à l'égard d'un homme aussi considérable que Ney, en qui l'armée avait une si haute confiance n'aurait-il pas du moins blâmé son insubordination?

Mais c'est bien ce qu'il a fait, dit-on, ou ce qui a été fait, en son nom, par son major général.... Voyons donc quels reproches le maréchal Soult adressait à ce *grand coupable*, le 17 juin.

« S. M. a vu hier avec peine que vous n'ayiez pas « réuni vos divisions, elles ont agi isolément; ainsi « vous avez éprouvé des pertes. » Ici on ne lui reproche que les pertes qu'il aurait éprouvées par sa faute, et ce reproche n'était pas fondé: Le maréchal n'avait que trois divisions, et aucune d'elles n'avait agi isolément.

« Si les corps des comtes d'Erlon et Reille avaient » été ensemble, il ne réchappait pas un Anglais du » corps qui venait de les attaquer. » Ceci est vrai, sauf l'exagération; mais le maréchal était-il coupable de la séparation de ces deux corps d'armée? N'a-t-il pas fait tout ce qu'il pouvait faire pour les réunir? N'est-ce pas cela même qui lui a fait encourir le reproche d'insubordination?

« Et si le comte d'Erlon, ajoute le major général,
» avait exécuté le mouvement sur Saint-Amand,
» que l'empereur a ordonné, l'armée prussienne
» était totalement détruite. »

Ces deux reproches, on devra en convenir, sont contradictoires : Si le maréchal a eu le tort de chercher à réunir le 1er et le 2e corps, il n'a pas eu celui de les séparer, et réciproquement. Si ces corps n'ont pas opéré ensemble contre les Anglais, c'est parce que le 1er, arrivé trop tard près du champ de bataille, a reçu l'ordre, au nom de l'Empereur, de se porter sur les derrières de l'armée prussienne, et si cet ordre n'a pas été complétement exécuté, c'est qu'il pouvait recevoir deux interprétations différentes et que le maréchal s'est arrêté à celle qu'il jugeait préférable, pour atteindre le but de l'Empereur, relativement à l'armée prussienne, et pour mettre le 2e corps à l'abri des attaques de l'armée anglaise.

C'est ici qu'un mot de blâme, prononcé par Napoléon, trancherait la question : A-t-il formellement ordonné de faire marcher le 1er corps, vers Bry, par le chemin romain et non par la route de Namur ? Oui ou non.... Mais ce mot, Napoléon ne l'a pas prononcé, et la lettre du major-général, si accablante, prétend-on, pour le maréchal Ney, le justifie plutôt qu'elle ne le condamme, puisqu'elle n'exprime que des regrets et n'articule, après un blâme mal fondé, que des reproches qui se contredisent mutuellement.

La première phrase de cette lettre doit être remarquée : « Le général Flahaut me fait connaître » que vous êtes dans l'incertitude sur les résultats » de la journée d'hier, *je crois cependant* vous avoir » prévenu de la victoire que l'Empereur a remportée. » Le second membre de cette phrase n'est pas affirmatif, et il est permis de conclure de cette forme *dubitative* que le maréchal Soult n'avait réellement pas informé le commandant de l'aile gauche du succès de l'aile droite ; le maréchal Ney ignorait donc, pendant le combat du 16 et aussi pendant la nuit du 16 au 17, si son flanc droit était couvert ou s'il était exposé à une attaque ; il ne savait pas quelle était la position de l'aile droite de notre armée ; il pouvait donc craindre d'avoir à soutenir le choc des Anglais et des Prussiens réunis (1). Ne pourrait-on pas attribuer, en partie, à de semblables omissions, les lenteurs, les hésitations qui, à plusieurs reprises,

(1) Le maréchal craignait en effet d'être forcé de battre en retraite et voici ce qui m'autorise à l'affirmer : Le 16, vers minuit, je reçus l'ordre de retourner immédiatement à Gosselies, avec plusieurs officiers du génie et deux compagnies de sapeurs, pour y exécuter des travaux de défense. Le maréchal prévoyait donc qu'il pourrait avoir besoin de retranchements pour résister, dans sa retraite, à un ennemi très supérieur ; il ignorait donc que les Prussiens avaient été forcés dans leur position de Ligny.

Je dois ajouter que les craintes du maréchal ne tardèrent pas à être dissipées, car, arrivé à Gosselies, j'avais à peine reconnu la position pour voir par quel moyen rapide il convenait de la fortifier, lorsque je reçus l'ordre de retourner à Frasnes.

ont compromis le succès de la bataille, l'ont retardé, en ont rendu le résultat incomplet.

En résumé : l'Empereur n'avait pas conçu à l'avance un plan d'attaque dont il ait pu poursuivre l'exécution jusqu'au bout ; il a tenté, d'abord, de porter son armée entre celle des Prussiens et les avant-postes anglais, espérant *refouler* cette armée prussienne sur la Meuse, *l'écraser* ou la rejeter au-delà de cette rivière, avant qu'elle pût être secourue par l'armée anglaise ; ce projet ayant échoué, il a disposé l'attaque de la position de Ligny, de manière à repousser l'armée de Blücker, qui venait de s'y établir, vers les Quatre-Bras où elle devait trouver, espérait-il, au lieu de l'armée de Wellington, les 1er et 2e corps de sa propre armée ; ce cas échéant, l'armée prussienne était perdue. Enfin, Napoléon éprouvant, dans l'attaque de la position de Ligny, une très-grande résistance, a ordonné itérativement au commandant de son aile gauche de tourner cette position, pour y envelopper l'armée qui l'occupait, la détruire ou la rejeter loin de l'armée anglaise, dont le chef aurait probablement, comme il l'avait fait dans des circonstances analogues, pris le parti d'ordonner la retraite.

Reproduisons, maintenant, les causes qui ont empêché la réalisation de ces projets successifs :

1re cause. De mauvais chemins, de fausses marches ont, le 14 juin, retardé l'arrivée, sur la Sambre, des 3me et 4me corps de l'armée française.

2me Le général Blücker a été informé, le 15 dès le matin, de la marche de cette armée et de la direction de ce mouvement offensif.

3me L'empereur a donné tard, l'ordre de mouvement du 16, les corps de son aile droite ne l'ont reçu qu'à 9 heures et demie, et lui-même n'a quitté Charleroi pour se rendre dans la plaine de Fleurus, qu'à 10 heures.

4me Il a dirigé cette aile droite sur Sombref, croyant qu'elle y devancerait les Prussiens ; mais il était trop tard. Plus tôt, il aurait pû attaquer les colonnes ennemies pendant qu'elles étaient en marche sur la route de Namur aux Quatre-Bras.

5me Le 1er corps d'armée trop disséminé, laissé trop en arrière, a été mis en marche trop tard, et s'est avancé trop lentement vers Frasnes.

6^m Le maréchal Ney, en attendant l'arrivée de ce corps a trop longtemps différé l'attaque des Quatre-Bras, et ce retard a permis à Wellington de renforcer cette position.

7me L'ordre de faire tourner, par le 1er corps, la position des Prussiens, tel qu'il a été interprété par Labédoyère, a enlevé au maréchal Ney les moyens d'enlever les Quatre-Bras et de se porter, par la route de Namur, sur les derrières de l'armée prussienne.

8me Le contr'ordre donné à ce corps d'armée, par le

maréchal, a rendu l'attaque de la position de Ligny plus difficile, plus meurtrière pour les assaillants, et la défaite de l'ennemi moins décisive, à quoi l'on peut ajouter que ce contr'ordre a eu un effet trop tardif pour qu'il favorisât l'attaque des Quatre-Bras.

Deux de ces causes d'insuccès peuvent seules être imputées au maréchal Ney avec quelqu'apparence de raison (la 6e et la 8e) je ne répéterai pas ici ce que j'ai déjà dit pour le justifier sur ces deux points; mais j'insisterai sur l'importance du service qu'il a rendu en arrêtant les Anglais aux Quatre-Bras, malgré leur supériorité numérique, en les empêchant de se joindre aux Prussiens et de *déborder* la gauche de notre aile droite ; et j'ajouterai en terminant, qu'à quatre heures, lorsque le 1er corps arrivait enfin à la chaussée romaine, les retards, les mécomptes, tout ce qui nous avait été contraire, pouvait encore être réparé, si le maréchal Ney avait pu disposer de ce corps d'armée, suivant ses vues, le faire concourir à l'attaque des Quatre-Bras, avant de le lancer sur les Prussiens en lui faisant suivre la route de Namur ; mais je dois convenir impartialement que les résultats de la *journée* n'auraient pas été moins complets, moins décisifs, qu'ils auraient même pu être obtenus plus promptement si le maréchal n'eut pas empêché le 1er corps d'opérer son mouvement par la chaussée romaine.

Il y avait deux moyens d'envelopper les Prussiens,

il a choisi celui qui garantissait le 2e corps du danger d'être écrasé par l'armée anglaise ; peut-on l'en blâmer, si l'Empereur ne lui a pas donné l'ordre formel d'employer l'autre moyen ?... Et personne ne peut dire qu'il ait reçu effectivement un tel ordre.

On doit reconnaître, cependant, qu'ici il a commis une erreur ; il n'a pas calculé que le 1er corps devait être déjà trop éloigné pour que, revenant vers Frasnes, il y arrivât assez tôt pour concourir à l'attaque des Quatre-Bras.

Ce que le maréchal avait à faire dans la situation assez critique où il se trouvait (il n'y a pas grand mérite à en juger après coup), c'était de ne rappeler vers lui que la division qui tenait la gauche de la colonne, ou plutôt de faire marcher cette partie du 1er corps, avec un régiment de cavalerie, vers la route de Namur, par la droite du bois de Delhutte, pour attaquer la gauche des Anglais, assurer par ce moyen le succès de l'attaque de leur position, ou tout au moins les contenir, les empêcher de repousser le 2e corps et de porter secours aux Prussiens. Le reste du 1er corps aurait suffi pour attaquer de revers et avec les plus grandes chances de succès, la position des prussiens, et l'on n'aurait pas eu à reprocher au maréchal l'inexécution d'un ordre de l'Empereur.

S'il n'a pas pris ce parti, c'est qu'il ne savait pas, ne pouvait pas savoir, aussi bien qu'on l'a su après et qu'on le sait maintenant, qu'elle était, respectivement, la situation de notre aile droite et de l'armée prussienne.

Si toutes ces observations ne justifient pas pleinement l'illustre et infortuné maréchal de la grave inculpation qu'on a voulu faire peser sur lui, ne puis-je pas du moins en conclure qu'il y aurait injustice à l'accuser encore d'insubordination, à lui reprocher d'avoir fait échouer, *par sa faute*, un plan de Napoléon, dont la ponctuelle exécution aurait eu pour résultats la ruine de l'armée prussienne, la retraite de l'armée anglaise... résultats qui auraient prévenu le désastre de Waterloo et l'envahissement de la France.

Arras, Typographie de Mme Ve Degeorge.

www.ingramcontent.com/pod-product-compliance
Ingram Content Group UK Ltd.
Pitfield, Milton Keynes, MK11 3LW, UK
UKHW020406220726
13923UKWH00004B/1782

9 782329 017884